AF479436

DU PRÉCÉDENT MINISTÈRE,

DU

MINISTÈRE ACTUEL,

ET DE LA NÉCESSITÉ

DE RÉVISER NOS INSTITUTIONS.

Tous les exemplaires non-revêtus de la signature de l'auteur
seront réputés contrefaits.

OUVRAGES DU MÊME AUTEUR.

Régime, ou Traité des rivières et cours d'eau de toute espèce,
salines et ateliers insalubres. Deuxième édition. Deux vol.
in-8°. Prix : 10 fr., et 12 fr. par la poste.

Des Moyens d'établir, réparer et entretenir les chemins vicinaux, ou Législation et Jurisprudence sur cette matière. Un
vol. in-12. Prix : 3 fr.

Traité de l'Usure dans les transactions civiles et commerciales.
Un vol. in-12. Prix : 2 fr. 50 cent.

Traité des Chemins de toute espèce, comprenant les grandes
routes, chemins de halage, vicinaux et particuliers, arbres
qui les bordent, les rues et places publiques ; suivi d'un
appendice au Régime des eaux. Troisième édit. Prix : 8 fr.

Annales universelles de la jurisprudence et de la législation
commerciales.
M. Roger, avocat aux conseils du roi, participe à la rédaction
de ce recueil.

PARIS, DE L'IMPRIMERIE DE FILLET AÎNÉ,
Rue des Grands-Augustins, n. 7.

DU PRÉCÉDENT MINISTÈRE,

DU

MINISTÈRE ACTUEL,

ET DE LA NÉCESSITÉ

DE RÉVISER NOS INSTITUTIONS,

NOTAMMENT

LA LÉGISLATION RELATIVE A LA COUR DE CASSATION, AUX JUGES AUDITEURS, AU CONSEIL—D'ÉTAT, AUX CONSEILS DE PRÉFECTURE, AUX ÉLECTIONS, AU MARIAGE DES PRÊTRES ET AU RÉGIME MUNICIPAL.

Par F. X. P. Garnier,

AVOCAT AUX CONSEILS DU ROI ET A LA COUR DE CASSATION.

A PARIS,

CHEZ PILLET AINÉ, IMPRIMEUR-LIBRAIRE,

ÉDITEUR DU VOYAGE AUTOUR DU MONDE,

De la collection des Mœurs françaises, anglaises, italiennes, etc.,

RUE DES GRANDS-AUGUSTINS, N° 7.

———

1828.

DU PRÉCÉDENT MINISTÈRE,

DU MINISTÈRE ACTUEL,

ET DE LA NÉCESSITÉ

DE RÉVISER NOS INSTITUTIONS,

NOTAMMENT

LA LÉGISLATION RELATIVE A LA COUR DE CASSATION, AUX JUGES AUDITEURS, AU CONSEIL–D'ÉTAT, AUX CONSEILS DE PRÉFEC-TURE, AUX ÉLECTIONS, AU MARIAGE DES PRÊTRES ET AU RÉGIME MUNICIPAL.

CHAPITRE PREMIER.

Observations générales.

———

Je puis me rendre à moi-même, et j'ose espérer que le public me rendra aussi le témoignage que ni la haine ni l'ambition ne m'ont inspiré les réflexions que je vais consigner dans cet écrit. Dévoué au trône et aux institutions que nous devons à la sagesse de nos rois, également ennemi d'un système d'hostilité et d'obéis-sance servile envers le pouvoir, indépendant par posi-tion et par caractère, je ne puis être soupçonné de vouloir renverser ce qui fut et sera toujours pour moi l'objet d'un véritable culte. Mon unique but, au con-traire, est de donner une nouvelle preuve de mon attachement au roi et au pays ; et, comme le meilleur moyen d'y parvenir me paraît être de dire la vérité, dont je suis l'ami avant tout, je me suis attaché à signaler les abus et à en indiquer le remède, en conjurant les ministres actuels, qui, par leur prudence et leur capacité, doivent inspirer la confiance, d'adopter un système d'administration large et généreux, exempt de petitesse et de tracasserie, et de marcher franchement, avec constance et énergie, dans la voie constitutionnelle. Je ne cherche à flatter ni à blesser personne. Si je dis des choses qui peuvent déplaire, c'est sans intention comme sans crainte d'offenser ; nul ne doit les prendre pour lui. C'est l'intérêt général, c'est le besoin de remplir un devoir qui dirigent ma plume. Trop heureux si mes faibles efforts peuvent être utiles à mes concitoyens. J'aurai obtenu alors le résultat que je me propose et la seule récompense que j'ambitionne.

On peut dire avec une sorte d'orgueil qu'il existe en France un véritable esprit public, et que chaque jour voit s'accroître notre attachement au régime constitutionnel, parce que chaque jour nous le comprenons mieux ; aussi sommes-nous décidés à le suivre, à lui donner tous les développemens dont il est susceptible. Que de chemin nous avons fait depuis quelque tems ! que de doctrines et d'actions qui, il y a peu d'années, auraient effrayé même des hommes graves, semblent maintenant toutes naturelles ! que de chemin nous ferons encore ! car, grâce aux progrès toujours croissans des lumières, on s'habituera peu à peu à bien des choses qui effarouchent encore aujourd'hui certains esprits timides ou pusillanimes. Tout cela est la suite inévitable d'un gouvernement représentatif dont on ne peut raisonnablement contester la supériorité. Naguères nous étions incertains et divisés : l'indifférence et l'égoïsme avaient pris généralement dans les cœurs la place qu'auraient dû y occuper des sentimens de concorde, de dévouement et de courage. Cet engourdissement venait ou des susceptibilités de l'amour-propre, qui ne veut pas contribuer aux succès et à l'élévation d'autrui, ou de la crainte de s'attirer les rigueurs de l'autorité. Il a fallu qu'un ministère, que les royalistes avaient appelé de tous leurs vœux au pouvoir, ait trompé les espérances de la France et fait faute sur faute, pour que nous fussions éclairés sur notre position. Nous avons alors sondé la profondeur de l'abîme dans lequel un déplorable système allait nous précipiter. L'impérieuse nécessité nous a réunis contre l'ennemi commun ; l'imminence du mal, en nous rendant notre énergie, a doublé nos forces. Tous les cœurs français, tous les hommes sages ont fait éclater à la fois et leur profonde vénération pour le meilleur des princes et leur haute désapprobation de la conduite de ses ministres. Le vœu public a été satisfait; mais ce n'est pas assez : nous devons nous occuper de réparer les maux que nous avons soufferts, et d'en éviter le retour. Or, il dépend de nous d'obtenir ce résultat, et nous y parviendrons si nous n'oublions pas que notre union peut seule faire notre force, qu'il y a un sentiment qui doit dominer tous les autres, celui de la légitimité, de l'amour et du respect pour nos princes, qui seuls peuvent assurer notre repos et notre bonheur. Sans cette condition fondamentale nous ne pouvons pas nous entendre; que ceux qui rêvaient d'autres formes de gouvernement renoncent pour toujours à des chimères impossibles à réaliser. Nous avons trop d'expérience aujourd'hui, nous avons fait trop d'essais depuis 1793 pour n'être pas bien convaincus que le gouvernement sous lequel nous avons le bonheur de vivre est le seul qui nous convienne. Si nous ne nous réunissions pas autour du trône, si des factieux, des perturbateurs du repos public s'agitaient encore en faveur de la république ou de l'empire, c'en serait fait de nous ; la désunion s'introduirait de nouveau dans nos rangs ; les royalistes, qui seraient les plus nombreux et les plus forts, ne s'occuperaient d'autre chose que de défendre le trône attaqué dans sa base ; nos institutions crouleraient et l'ennemi profiterait de notre division pour consommer notre perte. Soyons donc unis : que notre réconciliation soit sincère et durable ; abjurons nos dissentimens, supprimons toutes qualifications offensantes, toutes distinctions de parti, et qu'une même pensée nous anime : conserver ce qui existe et l'améliorer.

Evidemment le précédent ministère a fait de grandes fautes, et son administration a été très-funeste à la France : la corruption et l'illégalité ont été souvent ses auxiliaires. Cependant les hommes sages, qui s'attachent à juger sans passion, conviendront que les plaintes dont il a été l'objet n'ont pas été exemptes d'exagération, et qu'il n'a pas eu tous les torts qu'on lui a imputés. Il me semble qu'on ne lui a pas assez tenu compte de la difficulté des tems et de l'état de l'opinion publique. On n'a pas assez fait la part de la faiblesse humaine et de la légèreté du caractère français, qui se lasse aisément et est peut-être un peu trop avide de changemens et de nouveautés. Il faut dire ici la vérité tout entière :

lorsque les précédens ministres arrivèrent au pouvoir, il n'était pas aussi facile qu'il peut l'être maintenant de diriger le vaisseau de l'état. La monarchie légitime n'avait pas jeté d'aussi solides fondemens qu'aujourd'hui. Le souvenir du gouvernement impérial et des intérêts dont sa chute avait causé la perte, n'était pas effacé. Les événemens qui s'y rattachaient n'étaient pas loin de nous; et il n'était malheureusement que trop vrai que beaucoup de gens n'avaient pas perdu l'espérance de revoir l'empire ou de rétablir la république. Le ministère a été attaqué quelquefois avec trop peu de ménagemens; et, confondant la cause de la monarchie avec la sienne, il a cru pouvoir considérer le trône comme menacé lui-même. Les obstacles continuels qu'il a rencontrés l'ont mis dans une irritation telle qu'il a fini par ne plus savoir ce qu'il faisait. Pour éviter un mal presque imaginaire, il a fait un mal réel. Il a répondu à tout par la violence, lorsque sa conduite aurait dû être ferme et impartiale, et qu'il n'aurait dû s'armer que de la puissance des lois dont l'exécution lui était confiée par le prince. Mais le tems, qui vient à bout de tout, a calmé les esprits, détruit de coupables espérances, fondé de nouveaux intérêts et rattaché les Français au trône des Bourbons et aux institutions que nous devons à leur sagesse. Convenons-en, les ministres actuels sont venus dans un tems meilleur, et ils rencontreront moins d'obstacles que leurs devanciers.

Au surplus, ce que je viens de dire n'a pas pour but d'excuser le précédent ministère; car je pense que, quelles que soient les circonstances politiques, il est toujours plus facile et plus sûr de gouverner selon les lois.

Une marche franche et légale annonce et double la puissance de l'administration : l'arbitraire l'affaiblit et finit toujours par la perdre ; mais je veux aussi être juste et juger sans passion. Si c'est avec raison que l'opinion publique a condamné et flétri celle dont nous venons d'être délivrés, il serait aussi impolitique qu'injuste de lui infliger un plus rigoureux châtiment.

Sans doute chacun de nous a le droit de réclamer l'exécution des lois et d'attaquer avec force les abus, de quelque part qu'ils viennent ; mais il est aussi de son devoir de se soumettre à l'ordre de choses existant et de respecter l'autorité chargée de le maintenir. Il serait dangereux qu'on s'habituât à secouer le joug de l'administration ; des déclamations indiscrètes et violentes lui ôteraient sa considération et sa force ; quel bien peuvent faire des hommes abreuvés de dégoûts, flétris et découragés par de constantes agressions? Sans justice, sans mesure dans les plaintes, sans égard pour les hommes investis de la confiance du souverain, il n'y a plus de gouvernement possible, il n'y a plus que désordre et anarchie. Evitons les personnalités, les injures; distinguons l'erreur de la mauvaise foi ou de l'incapacité ; et, lorsque nous signalons l'une ou l'autre, que la modération de notre langage augmente encore le poids de nos paroles. On l'a dit souvent : les injures ne sont pas des raisons. Craignons d'aller trop vite et d'être entraînés trop loin. Que l'exemple de l'assemblée constituante soit toujours présent à notre esprit; elle fut poussée par un zèle trop ardent, et on l'a vu parfois, effrayée de son propre ouvrage, s'efforcer de revenir sur ses pas et tenter de rapporter les mesures de la veille. Ne touchons point surtout aux droits de la couronne, et rappelons-nous sans cesse ces belles paroles de l'immortel auteur de la Charte :

« En même tems que nous reconnaissions qu'une constitution libre et monarchique devait remplir l'attente de l'Europe éclairée, nous avons dû nous souvenir aussi que notre premier devoir envers nos peuples était de conserver, pour leur propre intérêt, les droits et les prérogatives de notre couronne. Nous avons espéré qu'instruits par l'expérience, ils seraient convaincus que l'autorité suprême peut seule donner aux institutions qu'elle établit la force, la permanence et la majesté dont elle est elle-même revêtue; qu'ainsi, lorsque la sagesse des rois s'accorde librement avec le vœu des peuples, une charte constitutionnelle peut être de longue durée; mais que, quand la violence arrache des concessions à la faiblesse du gouvernement, la liberté publique n'est pas moins en danger que le trône même. »

On se plaint avec amertume du nouveau ministère. On accuse ses intentions, on suspecte sa franchise, on blâme hautement sa lenteur. Cette impatience trouve sans doute son excuse dans l'étendue des maux que nous avons soufferts et des besoins que nous éprouvons. Il est constant que nos institutions, loin d'être parfaites, appellent de nombreuses améliorations. Mais ne sommes-nous pas un peu trop prompts à condamner? Plus le mal est grand, plus aussi, on en conviendra, il faut mettre de tems, de réflexion et de maturité dans l'adoption des mesures qui doivent le réparer. Les améliorations ne s'improvisent pas. De bonnes lois ne se font pas en un jour. Nos ministres, arrivés au pouvoir la veille de la session, ont tant à faire; on leur demande de tous côtés tant de choses, qu'ils doivent être fort embarrassés, et que si on continue à les attaquer, ils finiront par ne savoir plus où donner de la tête. Trop de précipitation pourrait tout gâter et mettre dans la nécessité de défaire et de refaire sans cesse. Donnons à nos ministres le tems de se reconnaître ; et persuadés de leurs bonnes intentions, au lieu de les arrêter dans leur marche par des attaques qui les découragent, doublons leurs forces, s'il est possible, en les entourant de considération ; en les excitant à bien faire, en les élevant à leurs propres yeux. Inspirons-leur de la confiance en eux-mêmes, et soyons les premiers à leur en témoigner. Le ministère, loin d'être une sinécure, est un fardeau lourd et pénible. Aidons-les à le supporter, en réunissant nos efforts aux leurs, en leur communiquant nos pensées, et n'exigeons d'eux que de ne mettre à chaque chose que le tems nécessaire pour la bien faire.

La Charte contient deux principes fondamentaux féconds en conséquences.

Suivant l'article 1er, tous les Français sont égaux devant la loi, quels que soient d'ailleurs leurs titres et leurs rangs ; l'article 3 déclare qu'ils sont tous également admissibles aux emplois civils et militaires.

L'exécution franche et complète de ces deux dispositions serait bien certainement le meilleur moyen que pût employer l'administration pour gagner tous les cœurs, pour rattacher tous les citoyens au trône. Les Français ne demandent pas autre chose : c'est le but unique de leurs constans efforts.

La France a horreur des priviléges ; elle a soif de justice et de légalité. Elle veut que le mérite, le talent et les vertus soient le premier titre d'admission aux emplois, sans acception de rang ni de naissance ; et cette volonté, qui laisse au Roi toute latitude dans les choix, qui n'en exclut que la médiocrité, est d'accord avec l'intérêt public et privé.

Honorer, récompenser les vertus et les talens, c'est les encourager et forcer les citoyens à devenir probes et capables ; c'est les contraindre à redoubler d'efforts et de dévouement pour se rendre dignes d'occuper le poste dont la possession est d'autant plus honorable pour ceux qui y sont appelés qu'ils ne doivent qu'à leur mérite personnel la distinction dont ils sont l'objet.

Le gouvernement a le plus grand intérêt à choisir les hommes les plus capables ; d'abord parce que c'est un acte de justice, et qu'un pareil acte augmente son crédit et son influence ; ensuite parce qu'il y trouve des appuis et des défenseurs. Il y a plus de dévoûment, d'honneur et de puissance dans le talent que dans la médiocrité. La seule présence d'un fonctionnaire public recommandable en impose aux perturbateurs, et l'énergique justice avec laquelle il les combat finit par les réduire au silence.

Mais lorsque les emplois sont livrés à la faveur et à l'intrigue, personne ne s'occupe de se distinguer par son mérite, et l'on passe dans les antichambres ou dans les salons des hommes en crédit un tems précieux qui est perdu pour le travail. On veut se créer des protecteurs, et l'on ne fait plus d'efforts pour se rendre digne de remplir les places ; on n'en fait que pour les obtenir par l'influence des hommes puissans qu'on est parvenu à intéresser à ses prétentions. La capacité et les vertus n'étant pas des conditions essentielles, ne se trouvent plus que difficilement chez les fonctionnaires publics ; ces qualités sont reléguées dans les professions libérales et indépendantes qui se détachent d'un gouvernement ingrat, et qui, étant les plus nombreuses et les plus puissantes, attaquent l'autorité avec un immense avantage, et finissent par l'avilir et la renverser.

Les ministres vivent au milieu des grands ; ils ne voient, ne connaissent et ne jugent la France que par le petit cercle qui les entoure : c'est dans cette étroite sphère qu'ils répandent leurs faveurs ; ce ne sont donc pas les qualités personnelles qui les déterminent. Le vrai mérite est modeste ; il n'approche pas des grands ; il ne fréquente pas leurs antichambres ni leurs salons ; il aime mieux consacrer son tems à d'utiles travaux. On devrait s'occuper un peu plus de l'aller chercher. Mais on préfère placer des gens qui ont du crédit, qui vont à la cour. Quelle triste chose que tous ces calculs : Il faudra pourtant bien que cet abus criant cesse absolument, et qu'on en vienne à se défaire de la mauvaise habitude d'accumuler les avantages sur un homme par le seul motif qu'il est titré ou possesseur de grands biens. Qu'il ait la concurrence avec les autres citoyens, et que s'il a plus de mérite qu'eux, il obtienne la préférence, rien de mieux ni de plus juste. La fortune et la naissance ne doivent être ni un titre d'admission ni un motif d'exclusion ; mais qu'on ne voie plus, comme cela est arrivé sous l'ancien ministère, un marquis, étranger à l'administration et médiocrement capable, obtenir une préfecture de préférence à un ancien sous-préfet très-méritant à tous égards, mais plébéien, et qui par cela seul a échoué auprès d'un ministre qui ne lui a pas même dissimulé le motif de sa détermination; qu'il n'y ait d'aristocratie d'aucune espèce ni de naissance, ni de fortune, ni de famille; que le fils d'un fonctionnaire public n'obtienne pas à ce seul titre une place que sollicite un homme dont les talens sont supérieurs aux siens. Le gouvernement ne sait pas tout le bien qu'il se ferait s'il appelait parfois des plébéiens de mérite à des postes qu'ils sont capables de remplir. Si le maire d'une commune rurale qu'il aurait administrée avec sagesse, honneur et capacité, pendant certain nombre d'années, était appelé à une préfecture, à une sous-préfecture; un négociant habile au comité du commerce du conseil d'Etat; un digne curé de village à un évêché; un avocat, un avoué distingués, à une fonction importante de magistrature; tous les maires, tous les commerçans, ecclésiastiques, membres du barreau, je dirai presque toute la France se croiraient honorés et récompensés. Ils auraient l'espoir d'arriver aussi; ils béniraient un règne qui serait marqué par tant de justice et d'impartialité. Pourquoi le gouvernement impérial a-t-il fait de si grandes choses? pourquoi tant de gens lui sont-ils d'abord demeurés attachés, et n'ont-ils pas accueilli, comme ils le devaient, l'administration du Roi? c'est parce que l'empire a suivi la marche que nous venons d'indiquer, et qu'on a craint que la famille des Bourbons ne nous amenât le régime odieux du privilége. Tant que le pouvoir n'entrera qu'à regret dans la voie d'une sage égalité, ou qu'il ne prendra que des demi-mesures, il ne fera rien de bien, il agitera les esprits, s'aliénera tous les cœurs, et Dieu sait jusqu'où peuvent aller des hommes ulcérés par de continuelles injustices.

Il importe donc qu'on exécute loyalement les art. 1ᵉʳ et 3 de la charte, et qu'on nous donne des lois, des institutions qui garantissent aux citoyens cette exécution, lors même que les ministres seraient tentés d'avoir une volonté contraire.

Après ces observations générales, occupons-nous de l'examen de quelques objets de détail.

Commençons par l'ordre judiciaire.

CHAPITRE II.

De la Cour de cassation et des Juges auditeurs.

La cour de cassation est encore aujourd'hui, à peu de chose près, ce que la fit la loi de son institution. Il est pourtant bien difficile de se persuader que, du premier coup, les législateurs de la révolution, dans l'état où étaient à cette époque toutes les têtes, aient fait une chose parfaite. D'un autre côté, il est présumable qu'alors que toutes les parties de l'ordre judiciaire établies en même tems que cette cour, ont subi de notables changemens, son organisation primitive a cessé d'être en harmonie avec celle de nos tribunaux.

Et avec un peu de réflexion, cette présomption acquiert tous les degrés de la certitude.

D'après la loi de 1790, les tribunaux d'appel pouvaient prononcer à quatre juges, d'après la constitution de l'an 3, à 5, et enfin la loi du 27 ventose an 8 en exigeait au moins sept. Ce nombre ne pouvait être augmenté, quelle que fût l'importance des causes soumises à leur décision. Quant au nombre de juges nécessaire pour prononcer sur le pourvoi en cassation, il a été fixé à onze par la loi de l'an 8. C'est encore la règle aujourd'hui. Antérieurement, le nombre avait varié, mais il avait toujours été supérieur à sept. On avait reconnu que le tribunal chargé de réviser une décision devait offrir aux citoyens la garantie d'une supériorité de nombre et de lumières, et qu'il eût été contre les convenances et la justice qu'il en fût autrement. Mais l'organisation des tribunaux d'appel a changé. Les décrets des 30 mars 1808 et 6 juillet 1810, rendus en vertu de l'art. 1042 du Code de procédure, ont institué des audiences solennelles pour prononcer sur des causes dont l'importance exigeait un plus grand concours de lumières; ce sont notamment les questions d'état; or, ces audiences doivent se composer de la réunion de deux chambres civiles, et par conséquent de quatorze conseillers au moins. Il semble tout naturel que la cour suprême, quand elle est appelée à apprécier les arrêts rendus en ces matières, soit formée de plus de quatorze membres, et pourtant rien n'ayant été changé à son organisation primitive, elle peut prononcer à onze juges seulement, et sans aucune solennité. Un tel état de choses est choquant, et altère la confiance et le respect que devraient toujours inspirer ses décisions. Comment en effet persuader aux juges d'appel et aux plaideurs qu'il y a eu meilleure justice et plus de lumières dans le nombre de onze magistrats que dans celui de vingt, ou au moins de quatorze, qui a prononcé d'abord; d'un autre côté, et par une bizarrerie bien étrange, le nombre de onze juges est nécessaire pour prononcer sur le recours formé contre la décision d'un juge de paix qui aura condamné en dernier ressort à une somme de 5 fr. ou moins. Je sais qu'on ne peut faire varier la composition des audiences de la cour de cassation suivant chaque genre d'affaires, et je ne me plains pas qu'elle statue sur d'aussi minces intérêts ; car on ne peut jamais avoir de trop fortes garanties ; mais je prétends que sa composition, qui doit être généralement uniforme, doit aussi être telle qu'elle offre un nombre de juges supérieur à celui dont peuvent émaner, dans les cas par moi signalés, des arrêts rendus après le plus mûr examen.

Mais, me dira-t-on peut-être, avec ce système, il faudra donc augmenter le nombre des juges de la cour de cassation, car il est difficile que chaque section reste composée de seize juges seulement.

Non, les circonstances exigent plutôt des économies. Je ne propose toutefois ni réduction ni augmentation dans le personnel, sauf à opérer quelque retenue sur les traitemens. Je crois qu'on pourrait atteindre le but que j'ai indiqué par un changement dans l'organisation intérieure. Ce serait d'abord de supprimer la chambre des requêtes, qui me paraît une institution défectueuse sous plus d'un rapport.

Cette innovation, outre l'avantage de faire cesser l'étrange anomalie dont j'ai parlé, aurait encore celui de donner à la cour la possibilité d'atteindre le but que le législateur s'est proposé en l'établissant.

« Le tribunal de cassation, disait le rapporteur de la loi du 1er décembre 1790, doit servir à conserver l'unité monarchique, à lier entre elles toutes les parties politiques de l'empire, à maintenir l'unité de la législation, à prévenir la diversité de jurisprudence ; il est le gardien suprême de la loi, le conservateur des propriétés, le centre du pouvoir judiciaire, le lien des tribunaux d'appel, le dernier asile de l'innocence. »

Mais la chambre des requêtes est un obstacle réel à l'unité de jurisprudence, comme le sera toujours une juridiction composée de plusieurs chambres chargées de prononcer sur les mêmes matières.

Et qu'on ne dise pas que cette conséquence est impossible, puisque les affaires ne sont soumises à la chambre civile qu'après avoir passé par la chambre des requêtes. Car, si je ne craignais pas de donner trop d'extension à ces observations, je pourrais citer bon nombre d'arrêts contraires des deux chambres sur la même question.

Et voici comment cela est arrivé et pourra arriver encore. Plusieurs moyens de cassation sont présentés ; l'admission est déterminée par un moyen et la cassation par un autre. Qu'on se pourvoie sur un moyen semblable à celui qui a déterminé la cassation, la chambre des requêtes rejettera ; ou bien encore cette chambre rejettera le pourvoi fondé sur un moyen, et admettra par conséquent le pourvoi formé dans le sens contraire. Mais la chambre civile le rejettera à son tour. Evidemment dans ces deux cas il y aura opposition entre les deux sections.

Dans cet état de contradiction entre les décisions de la cour suprême, les tribunaux marchent sans guide, et cette cour, il faut en convenir, perd nécessairement la haute considération qu'elle doit toujours conserver : le mal est donc certain, mais le remède est facile ; nous l'avons déjà dit, c'est la suppression de la chambre des requêtes.

Cette chambre est un inconvénient d'autant plus réel que, malgré la haute capacité et le dévoûment au devoir qui distinguent si éminemment les magistrats de la cour de cassation, il peut arriver, par la nature même des choses, que tous ne soient pas également disposés à prêter aux affaires l'attention qu'elles exigent, et qu'alors la décision soit presque entièrement l'œuvre du rapporteur, du président et de l'avocat général. Ce laissez-aller peut provenir de ce que l'admission, quand elle a lieu, n'est qu'une décision préparatoire, et finir par dominer dans tous les cas, par la raison que l'on ne peut prévoir s'il y aura lieu de rejeter.

Ce n'est pas tout encore ; et l'obligation d'obtenir un arrêt préalable d'admission entraîne des lenteurs, des frais et des amendes considérables. Après avoir subi de longs délais aux requêtes, il faut en supporter de plus longs encore à la chambre civile. Si l'on obtient une cassation, le bénéfice en est quelquefois illusoire, parce que le pourvoi n'a pas été suspensif ; si l'on éprouve un rejet, on paie une double amende, une indemnité et beaucoup de frais.

Pourquoi donc assujettir les plaideurs à cette double épreuve et à tous les inconvéniens qui en sont la suite, lorsqu'on pourrait si facilement les leur épargner ?

Le plan que je propose est simple. De deux choses l'une : ou la chambre des requêtes serait instituée en chambre civile avec attribution de différentes matières telles que celles d'enregistrement, de douanes et de droits-réunis, quand on aura suivi la voie civile, de règlemens de juges et de prise à partie. Elle pourrait y statuer à onze juges seulement, parce que ces matières ne sont pas portées aux audiences solennelles. Les autres affaires seraient attribuées à la chambre civile actuelle, qui, dans celles de la compétence de ces audiences, ne pourrait prononcer qu'au nombre de dix-sept juges, dont elle est maintenant composée. De cette manière, on éviterait autant que possible la contrariété de jurisprudence.

Ou bien la chambre des requêtes et la chambre civile seraient réunies en une seule, qui ne pourrait juger qu'au nombre de vingt juges, et qui tiendrait audience tous les jours. Je préférerais cette dernière mesure, qui éviterait entièrement la contrariété de jurisprudence, et qui permettrait de mieux proportionner le nombre des juges de la cour de cassation à celui qui aurait rendu l'arrêt attaqué. Et qu'on ne dise pas que les fonctions de juges seraient alors trop pénibles; car chaque magistrat n'aurait pas plus de vingt à vingt-cinq rapports à faire annuellement; l'instruction contradictoire faciliterait encore le travail, et comme la chambre serait composée de trente-trois membres, les magistrats pourraient successivement prendre quelque repos et préparer leurs rapports.

Dans tous les cas, le demandeur en cassation assignerait directement son adversaire devant la cour sans arrêt préalable d'admission.

Ce mode de procéder est déjà établi en matière criminelle, il ne s'agirait donc que de le rendre commun aux matières civiles; en cela nous rentrerions dans l'usage général. De tous les peuples de l'Europe,

nous sommes le seul qui soumettions le dernier recours à une double épreuve. Nous citerons plus par-
ticulièrement la Belgique, parce qu'ayant long-tems
fait partie de la France, ses habitans ont apprécié notre
organisation, et que, s'ils ne l'ont pas adoptée, c'est
qu'ils en ont reconnu les vices. Une circonstance donne
plus de poids encore à cette observation : si nous
sommes bien informés, l'arrêté royal qui a institué la
cour de cassation dans ce pays est l'ouvrage d'un ju-
risconsulte qui a été long-tems attaché à la cour suprême de France.

Cet arrêté, qui est du 15 mars 1815, porte, art. 1er,
« qu'en matière civile comme en matière criminelle, le
pourvoi ne sera soumis qu'à une chambre qui prononcera définitivement par un arrêt de rejet ou de cassation, sans arrêt préalable d'admission. »

Vainement dirait-on que l'innovation proposée mul-
tiplierait les pourvois; car on doit toujours faciliter
aux plaideurs le moyen d'obtenir justice; c'est dans ce
but bienfaisant que la cour de cassation a été établie.
Il faut donc procurer aux citoyens le moyen de jouir
de cette institution ; et l'on ne concevrait pas qu'en
consacrant un droit, on mît des obstacles à son exercice.

Je n'ai plus qu'un mot à dire sur la cour de cassation.

Le ministre de la justice vient de présenter un projet de loi suivant lequel, après une seconde cassation, la décision de l'affaire serait souverainement at-
tribuée à la cour royale, dont l'arrêt serait exécuté
comme transaction entre les parties; et ensuite l'in-

terprétation du texte qui a fait difficulté serait donnée par le pouvoir législatif.

Que l'interprétation suive le jugement définitif et ne le précède pas, cela se conçoit; car le pouvoir législatif ne doit point exercer le pouvoir judiciaire, ce qui arriverait nécessairement dans le premier cas; mais ce qu'on ne conçoit pas aussi bien, c'est qu'une cour royale, inférieure en autorité et en nombre à la cour de cassation, puisse infirmer une décision émanée de cette cour. En effet, la seconde cassation est prononcée par toutes les chambres réunies, composées de cinquante juges; et la cour royale de Corse, composée de vingt juges seulement, pourra prononcer dans un sens diamétralement opposé à l'arrêt de la cour régulatrice; ce sera l'arrêt du tribunal inférieur qui l'emportera et sera exécuté. C'est là une dérogation au droit commun et aux convenances. Je sais bien qu'on ne peut résoudre la difficulté relative à l'interprétation des lois qu'en sortant des règles du droit commun. Mais la dérogation qui attribuerait la décision définitive à la cour suprême, ne serait-elle pas à la fois plus conforme à la hiérarchie des pouvoirs et plus en harmonie avec les intérêts des justiciables? Si l'on attribuait au second arrêt de cassation l'autorité qu'on a le projet de conférer aux cours royales, on éviterait aux parties les frais et les inquiétudes d'un cinquième procès.

Voilà tout ce que nous avions à dire sur la cour de cassation. Quant aux cours royales et aux tribunaux de première instance, nous aurions appelé l'attention du gouvernement sur la modicité des traitemens, si le déficit de 217,000,000 et l'emprunt de 80,000,000 ne nous forçaient pas à garder le silence.

Mais il est un autre point sur lequel nous ne pouvons ni ne devons être aussi discrets. Nous voulons
parler des juges-auditeurs dans les tribunaux de première instance.

Ils doivent leur existence à la loi du 20 avril 1810.

L'article 13 n'en autorise la nomination que dans
les tribunaux composés de trois juges seulement, et la
prohibe dans les tribunaux composés d'un plus grand
nombre.

L'article 15 dit que tout ce qui étant relatif à l'institution des juges-auditeurs, *n'aurait pas été réglé par
la même loi*, le sera par des règlemens d'administration publique. Or, la loi désignant précisément les
tribunaux près desquels les auditeurs doivent être nommés, bien évidemment ces règlemens, qui doivent
avoir pour objet son exécution et non sa destruction, n'ont rien pu statuer de contraire à cette disposition.

Effectivement, le décret réglementaire du 22 mars
1813 n'y a point innové. Il en suppose au contraire
le maintien, puisqu'il déclare que le nombre des juges
auditeurs ne pourra excéder le double du nombre
des tribunaux de première instance du ressort de la
cour royale, composés de trois juges seulement. Il
paraît d'ailleurs que ce décret n'a pas reçu d'exécution sous l'empire.

C'est dans cet état que la Charte a trouvé l'institution des juges auditeurs ; son article 58 porte que les
juges nommés par le Roi sont inamovibles, et l'art. 59,
que les cours et tribunaux ordinaires actuellement
existans sont maintenus, et qu'il n'y sera rien changé
qu'en vertu d'une loi.

Cependant il y a été changé par une ordonnance ;

car celle du 19 novembre 1823 porte, art. 9, que des juges auditeurs pourront être placés près des tribunaux de première instance, *quel que soit le nombre de juges dont ces tribunaux seront composés*, et qu'ils ne recevront pas de traitement.

Une autre ordonnance du 11 février 1824 établit que le nombre des juges-auditeurs ne pourra, dans le ressort de chaque cour royale, excéder le double du nombre des tribunaux de première instance de ce ressort.

Ces notions préliminaires bien établies, trois questions se présentent.

L'institution des juges auditeurs est-elle compatible avec la Charte?

Est-elle conforme à la loi spéciale du 20 avril 1810? Est-elle utile?

Telle qu'elle est actuellement, elle ne paraît pas conforme à la Charte.

Car l'art. 58 veut que les magistrats soient inamovibles. Or, l'inamovibilité se compose de plusieurs genres d'élémens. Pour qu'elle existe, il faut non-seulement que le magistrat ne puisse être privé de ses fonctions, mais encore qu'il ne puisse pas être envoyé d'un tribunal à un autre. Le juge du tribunal de Paris, qu'on pourrait envoyer à un tribunal des colonies ou de l'extrémité de la France, ne jouirait que d'une inamovibilité dérisoire. Il n'irait pas où on l'enverrait, ou si le besoin le forçait d'y aller, il ferait un grand sacrifice.

Le juge-auditeur âgé de vingt-cinq ans a toujours voix délibérative dans les jugemens; il n'est pas seulement suppléant; sa voix est comptée lors même que tous les juges sont présens; cependant il n'est pas indépendant, car le ministre peut, s'il ne fait pas ce qu'il veut, l'envoyer dans un autre tribunal; les auditeurs sont donc des juges ambulans.

Avec la faculté d'envoyer des auditeurs dans tous les tribunaux, l'autorité peut toujours s'y procurer la majorité. Je pourrais en citer un qui n'avait pas consenti à se soumettre aux volontés du précédent ministère; on y a envoyé un nombre suffisant d'auditeurs âgés de 25 ans, et les choses ont alors changé de face.

Ou les auditeurs doivent se borner à la fonction que leur titre indique, ou il faut qu'ils jouissent de la même inamovibilité que les juges titulaires. Cette mesure est plus nécessaire à leur égard qu'à l'égard des juges titulaires; ils sont plus dépendans que ceux-ci, puisqu'ils attendent de l'avancement.

Et qu'on ne dise pas que l'indépendance de la magistrature a toujours été reconnue; que si la loi de 1810 a créé des auditeurs, c'est parce qu'on a pensé que cette institution n'était point inconstitutionnelle; que ce qui était bon alors l'est encore aujourd'hui; car on sait comment l'empire exécutait la constitution. On sait aussi que cette loi de 1810, rendue par un corps législatif muet et trop disposé à condescendre aux volontés du despote qui alors tyrannisait la France, n'était que le prélude de toutes les atteintes que cet homme devait porter à l'indépendance de la magistrature; mais il n'avait pas osé la mettre à exécution; la Charte l'a nécessairement abolie; d'un autre côté, elle n'a maintenu que les juges existans, et les auditeurs n'existaient pas.

Mais, en supposant qu'il en fût autrement, il serait du moins incontestable que les ordonnances de 1823 et de

1824 sont une violation de la loi de 1810 ; elles enchérissent encore sur l'atteinte portée à l'indépendance de la magistrature, puisqu'elles appellent des juges-auditeurs auprès de tous les tribunaux, et que cependant la loi de 1810 défendait d'en placer dans ceux composés de plus de trois juges. Il importe de s'appesantir sur ce sujet ; car les jugemens des tribunaux de plus de trois juges au nombre desquels se trouvent des auditeurs sont atteints d'une nullité radicale qui serait bien certainement prononcée par la cour suprême.

Ce n'est pas tout, et l'on enfreint encore les conditions d'admissibilité.

Ainsi le décret du 22 mars 1813 exige que l'avocat ait fait un an de stage pour être nommé juge auditeur, et il est de notoriété publique que beaucoup de jeunes gens ont été nommés immédiatement après leur prestation de serment d'avocat.

Du reste l'institution des juges-auditeurs nous paraît bonne, pourvu qu'elle soit mise en harmonie avec la Charte et qu'on y fasse d'importantes améliorations. C'est une pépinière ou la magistrature peut se recruter ; c'est une assez bonne école qui sert à former des sujets et a éprouver leur capacité et leur moralité.

Mais il faut se garantir des abus et prendre garde de transformer les auditeurs en une classe privilégiée à laquelle soient exclusivement réservées les places de magistrature : c'est cependant ce qui est arrivé. On a vu de jeunes auditeurs, nommés depuis quelques mois seulement, l'emporter sur des suppléans, sur des avocats et avoués qui sont suppléans nés ; et qui, à l'avantage de l'âge et de l'expérience, joignaient un talent réel. Une telle préférence est inique et tend à peupler

nos tribunaux de juges imberbes qui n'offrent point de
suffisantes garanties. Il faut espérer que le ministre
actuel sera plus juste envers le barreau, et qu'il ne ré-
duira pas, comme son prédécesseur, des jurisconsultes
exercés à l'humiliante nécessité de commencer par être
auditeurs. Qu'on admette la concurrence entre les
membres du barreau, les suppléans et les auditeurs,
rien de mieux, c'est le vœu de la Charte; mais que la
supériorité de talent soit entre eux la seule cause de préférence. Alors il y aura de l'émulation, les tribunaux seront bien composés, et les justiciables y gagneront. C'est
un point sur lequel nous ne saurions trop insister; il est
capital. Le mal est réel; il importe d'y apporter un
prompt remède. Nos tribunaux s'affaiblissent tous les
jours. Sans contester la probité et l'honneur de nos magistrats, on peut dire que les grands talens y sont rares;
que le parquet, assez généralement, n'est pas fort.
Pourquoi la première composition des cours d'appel
et de la cour de cassation a-t-elle été si brillante?
pourquoi a-t-elle offert une si grande réunion de lumières et de talens? c'est parce qu'on y a appelé l'élite
du barreau, des hommes qui, par un long exercice,
avaient acquis toutes les qualités nécessaires pour faire
d'excellens magistrats. Pourquoi ne reviendrait-on pas
à un ordre de choses qui a produit d'aussi grands ré-
sultats?

CHAPITRE III.

Du Conseil-d'Etat, des Conseils de Préfecture.

Avant la révolution, le roi avait toujours eu un conseil-d'état présidé par lui, qui avait le double pouvoir de l'aider dans les actes d'administration générale, et de juger certains différends entre particuliers. Il était donc tout à la fois conseil du prince et juridiction.

Le conseil privé, ou des parties auquel était dévolue cette dernière attribution, fut supprimé et remplacé par la cour de cassation suivant la loi du 27 novembre 1790. Les conseils des dépêches, des finances, du commerce et de la chancellerie ont été anéantis par l'effet de la suppression des conseillers d'état et des maîtres des requêtes, prononcée par l'art. 35 de la loi du 27 avril 1791 et par une autre loi du même jour, qui confère aux tribunaux le jugement des contestations qui leur étaient attribuées.

Mais la première de ces lois avait institué un conseil-d'état, composé du roi et des ministres seulement; ce conseil n'était chargé que des affaires d'administration générale et nullement de faire office de juridiction, de tribunal. Il fut détruit par l'abolition de la royauté en France en 1792.

Le premier acte du gouvernement dans lequel il fut ensuite question du conseil-d'état, fut la constitution de frimaire an 8. Quels sont ses termes ? L'art. 45 porte que le premier consul nomme et révoque à volonté les membres du conseil d'état, et l'art. 52, que, sous la direction des consuls, ce conseil est chargé de rédiger les projets de lois et des règlemens d'administration publique, et de *résoudre les difficultés qui s'élèvent en matière administrative.* C'est sans doute par une interprétation un peu large de cette dernière partie de l'article, qu'on a attribué au conseil-d'état le jugement des contestations privées.

Un arrêté des consuls, en date du 5 nivose an 8 (26 décembre 1799), relatif à l'organisation du conseil d'état, porte que ce conseil discute les projets de lois, qu'il développe le sens des lois sur le renvoi qui lui est fait par les consuls des questions qui leur ont été présentées, qu'il prononce sur les conflits qui peuvent s'élever entre l'administration et les tribunaux, et *sur les affaires contentieuses dont la décision était précédemment remise aux ministres.*

Or, la loi du 17 avril 1791, la constitution du 5 fructidor an 3, la loi du 10 vendémiaire an 4, la constitution du 22 frimaire an 8, qui réglaient alors les attributions des ministres, ne semblent leur conférer par aucune disposition le pouvoir de prononcer sur un débat d'intérêt privé, sur un procès; les affaires contentieuses dont il est parlé dans l'arrêté du 5 nivose sont donc celles qui concernent l'administration générale.

Les sénatus-consultes organiques de l'an 10 et de l'an 12 gardent le silence sur les attributions du conseil d'état; mais un simple décret du 11 juin 1806 porte que ce conseil continuera d'exercer les fonctions qui lui sont attribuées par les constitutions et par les décrets; qu'il connaîtra en outre des affaires de haute police administrative lorsqu'elles lui auront été renvoyées par les ordres du gouvernement;

De toutes contestations ou demandes relatives soit aux marchés passés avec les ministres, avec l'intendant de la maison impériale, ou en leur nom, soit aux travaux ou fournitures faits pour le service de leurs départemens respectifs;

Des décisions de la comptabilité nationale et du conseil des prises.

Ainsi, et c'est une chose digne de remarque, aucune loi n'attribue bien précisément au conseil-d'état le pouvoir de rendre des jugemens. Il tient ce pouvoir en quelque sorte de la raison et de la nécessité. En consacrant la séparation des attributions administratives et judiciaires, il a bien fallu établir des autorités chargées de les exercer, et comme il eût été contraire à toutes les règles que la décision des corps administratifs fût souveraine, force a été d'avoir un tribunal supérieur, qui est le conseil-d'état.

La loi du 28 pluviose an 8 défère au jugement des conseils de préfecture une foule d'affaires privées; la loi du 29 floréal an 10 leur attribue la connaissance des contraventions en matière de grande voirie, en matière de police du roulage; la loi de ventose an 13 leur défère le jugement des contraventions en matière de chemins vicinaux; plusieurs autres lois règlent leurs attributions et celles des préfets. Mais du moins les conseils de préfecture, préfets et ministres, et leurs attributions sont établis par des lois, tandis qu'on n'en peut dire autant du tribunal supérieur.

C'est ainsi que la restauration a trouvé le conseil-d'état. La Charte garde le silence le plus absolu à son égard; son nom n'y est pas seulement prononcé. Ce silence vient inévitablement de ce que le prince n'a considéré le conseil-d'état que comme un conseil privé destiné à l'éclairer de ses avis et nullement comme une juridiction. Il n'a pu entrer dans la pensée d'un prince qui avait les idées aussi grandes, aussi libérales que Louis XVIII, qu'une réunion d'hommes amovibles, agissant avec le plus profond mystère, fût une juridiction prononçant souvent dans la cause de l'état et sur les affaires du plus grand intérêt.

Loin de moi l'intention d'attaquer le conseil-d'état. Je le crois nécessaire à notre gouvernement sous tous les rapports; d'abord, comme conseil composé des notabilités, des hommes marquans de toutes les parties de l'administration, il doit être d'un grand secours pour le prince et ses ministres dans la direction des affaires du royaume; ensuite, comme juridiction, et c'est cette nécessité, première de toutes les lois, qui a obligé le pouvoir à l'organiser à ce titre par diverses ordonnances, bien qu'on fût convaincu que la Charte ne le reconnaissait pas; mon but est seulement d'établir qu'aucune loi ne règle ses attributions, qu'il n'a pas même aujourd'hui celles qu'il avait en l'an 8; qu'il est indispensable de lui donner une organisation qui, en bannissant l'arbitraire, assure l'indépendance de ses décisions et fasse cesser les plaintes et les attaques dont il a été l'objet.

On ne pourrait atteindre ce but qu'en instituant une ou plusieurs sections composées de membres inamovibles, qui tiendraient leurs audiences publiquement et qui ne prononceraient qu'après avoir entendu les plaidoiries des défenseurs des parties. C'est là le seul moyen de vaincre la répugnance des citoyens pour le conseil-d'état.

Il est évident que ce conseil doit être constitué d'une manière indépendante, et à ce sujet je m'explique. Je distingue entre le simple conseil donnant des avis au monarque ou à ses ministres, dont le roi peut nommer et révoquer les membres à volonté, et la juridiction. Tout le monde conviendra que, sous ce second rapport, il ne peut subsister plus long-tems avec les attributions qu'il est en possession d'exercer, sans recevoir une organisation conforme aux autres corps judiciaires. Il est contre toutes les règles que des hommes amovibles à la volonté des ministres prononcent sur la fortune des citoyens dans une séance occulte à laquelle ne sont admis ni le public ni les parties, ni même leurs avocats; que si le rapport du maître des requêtes, qui sert de base à la décision, contient des erreurs de fait, il n'y ait pas moyen d'en éviter les conséquences, qu'on soit forcé de se soumettre à une criante injustice. Et ces erreurs doivent être fréquentes; car, outre que l'homme y est assez sujet par sa nature, il y devient plus exposé encore par suite de l'indifférence dont il contracte naturellement l'habitude quand il est affranchi du contrôle du public et des parties intéressées.

Si, à ces considérations, nous ajoutons que chaque comité du conseil-d'état est présidé par un ministre dont les opinions sont des ordres, puisque ceux qui les contrarieraient seraient mis en service extraordinaire et pourraient même être privés du titre de membre du conseil-d'état; que sur la fin de la précédente administration, ce conseil a rendu en toutes matières des décisions qui ont affligé tous les amis de la monarchie et excité un mécontement général, on demeurera entièrement convaincu de la nécessité d'opérer la réforme que nous avons proposée.

Il y a encore un point sur lequel nous devons appeler l'attention du pouvoir, c'est sur la composition du conseil d'état, qu'une ordonnance du 26 août 1824 règle d'une manière inconstitutionnelle. Nous allons voir que, sous la monarchie légitime, on n'a pas craint de faire ce que n'avait pas osé tenter le despotisme impérial.

Depuis qu'il existait en France un conseil d'état, tous les citoyens pouvaient être appelés à en faire partie, d'après le principe fondamental que tous sont égaux devant la loi, que tous sont également admissibles aux fonctions publiques, principe consacré de nouveau par la Charte de 1814. Et cependant l'ordonnance de 1824 établit des catégories; elle déclare seuls admissibles au conseil quelques fonctionnaires et en exclut la partie la plus nombreuse et la plus instruite de la nation : c'est une déclaration de guerre, une injure sanglante envers la magistrature, le barreau, le commerce, les sciences, les lettres. Un conseiller maître à la cour des comptes, un juge, même un président de chambre du tribunal de première instance de la Seine, les présidens et procureurs du Roi de la plupart des tribunaux de première instance des départemens, les avocats distingués, les professeurs célèbres des différentes facultés, les hommes de lettres, les négocians recommandables, les présidens des tribunaux de commerce et tant d'autres, sont trouvés indignes de remplir même une fonction de maître des requêtes. L'ordonnance s'applique à choisir les fonctionnaires publics les plus dépendans et dont sans doute on espère faire ce que l'on veut.

Cependant le conseil-d'état est appelé a s'occuper de toutes les matières; aucune ne lui est étrangère. Tout récemment le Roi vient de créer un ministère du commerce. Il faut qu'il y ait un comité du commerce, , comme il y en a un près de chaque ministère. On ne peut le composer autrement que de négocians, et pourtant l'ordonnance de 1824 ne le permet pas.

Il nous reste à examiner si les citoyens peuvent réclamer l'établissement, dans les juridictions inférieures, des garanties qui nous ont paru inséparables de l'institution du conseil-d'état. Il serait nécessaire, a notre avis, que, pour toutes les matières contentieuses, les conseils de préfecture rendus inamovibles jugeassent en audience publique, après avoir entendu ou appelé les parties qui pourraient plaider elles-mêmes leurs causes, ou les faire plaider par les avocats ou les avoués attachés aux différens tribunaux du département ou à la cour royale dans le ressort de laquelle le département est placé.

La publicité de l'audience, des débats et du jugement, est la première et la plus grande garantie de l'impartialité et de la justice de la décision. Elle est assurée aux parties devant les tribunaux : pourquoi ne l'accorderait-on pas devant les conseils de préfecture?

Si l'administration a la ferme et constante volonté de rendre justice, comme on doit le supposer, elle ne peut pas s'opposer à cette utile innovation. Qu'on y prenne

garde, le refus de l'opérer décélerait un esprit d'arbitraire qui pourrait devenir funeste à l'autorité elle-
même. Il faut faciliter aux parties tous les moyens de
faire entendre leur défense et de rendre les erreurs
moins graves et moins fréquentes en éclairant les juges.

Lorsque le tribunal de première instance est appelé
à statuer sur un appel de justice de paix, qui quelquefois ne présente qu'un intérêt de 51 francs, son
jugement est précédé de plaidoiries publiques et con-
tradictoires ; et lorsqu'il s'agira de la destruction d'une
maison, d'une amende considérable, de contributions,
de domaines nationaux et autres objets dont peut dé-
pendre la fortune entière d'un citoyen, ce sera une
justice occulte qui prononcera ! Cet état de choses ne
saurait être plus long-tems toléré : il est incompatible
avec nos mœurs, nos goûts et nos besoins actuels. Que
la décision émane de l'autorité administrative ou de
l'autorité judiciaire, le résultat est le même pour le citoyen, et par conséquent ils doivent avoir, dans les
deux cas, des garanties identiques.

La marche de l'autorité doit être franche ; elle ne doit
point chercher à s'environner du mystère, et ce n'est
pas pour ne nous rendre qu'une justice incomplète et
arbitraire que nous payons des conseillers de préfecture. Le système de la publicité a fait de grands progrès, on en a depuis long-tems reconnu tous les avantages : on ne saurait donc l'appliquer trop tôt à une
juridiction qui prononce sur la fortune des citoyens.

Le conseil de préfecture, en effet, est un véritable
tribunal ; il prononce des décisions, des condamnations ; il ne peut statuer qu'au nombre de trois juges.
Un avis du conseil-d'état, approuvé le 16 thermidor

an 12, et un décret du 17 avril 1812 établissent que les arrêtés des conseils de préfecture sont de véritables jugemens; qu'en conséquence les condamnations qu'ils prononcent dans les matières de leur compétence emportent hypothèque, de la même manière et aux mêmes conditions que celles de l'autorité judiciaire.

Il est nécessaire de donner aux parties la faculté de se faire représenter par des avocats et des avoués seulement; car elles peuvent résider loin du lieu où siége le conseil de préfecture, et d'ailleurs les lois et la jurisprudence administrative exigeant des études approfondies, il se peut qu'elles ne soient pas en état de se défendre elles-mêmes; les membres du barreau doivent avoir l'exclusion sur tous autres, parce qu'ils offrent des garanties de moralité et de capacité qu'on ne trouverait pas ailleurs. Il existe en outre, parmi eux, une discipline et une surveillance propres à éviter tous les abus. Comme on le voit, les parties ne seraient tenues de s'adresser à ces fonctionnaires publics, qu'autant qu'elles ne se défendraient pas elles-mêmes, ce qui garantit suffisamment la liberté de chacun.

Du reste, aucune procédure n'aurait lieu; si les parties jugeaient à propos de se signifier des mémoires, on ne taxerait que le papier et les frais de signification; c'est-à-dire, qu'on maintiendrait sur ce point ce qui se pratique aujourd'hui.

Il importerait aussi de déterminer un délai pendant lequel on pourrait être reçu à former opposition à un arrêté par défaut; ce délai pourrait être de quinzaine après la signification.

Il me paraîtrait juste de décider que, pour les affaires portées au conseil de préfecture de la Seine, les avocats aux conseils du Roi seraient seuls admis à représenter les parties dans le cas où elles ne se défendraient pas elles-mêmes.

Pour les affaires portées devant le préfet et les ministres il serait difficile d'établir la publicité de l'audience. Le préfet et le ministre prononcent seuls; il suffirait donc de prescrire que ces fonctionnaires ne pussent prendre aucune mesure, sauf le cas d'urgence, sans que les parties aient été entendues dans leurs explications verbales ou par écrit, soit par elles-mêmes, soit par leurs représentans.

Déjà les ministres de la justice, de l'intérieur et des finances ont pris divers arrêtés par lesquels ils ont reconnu que l'instruction et la poursuite des affaires contentieuses de leurs différens ministères et des administrations qui en dépendent, appartient aux avocats aux conseils du Roi et à la cour de cassation, à l'exclusion de tous autres, à moins que les parties ne veuillent se défendre elles-mêmes.

Et qu'on ne dise pas que l'intervention des avocats ou avoués entraînera des lenteurs ou frais préjudiciables à l'expédition des affaires et aux particuliers. L'administration de la justice n'a, au contraire, qu'à y gagner. Les affaires, mieux instruites, recevront une décision plus prompte et plus éclairée. Elles ne seront pas entravées par des moyens mal fondés, par l'absence absolue des documens nécessaires pour prononcer. Les recours au tribunal supérieur seront moins fréquens, et les parties ne seront pas exposées a être victimes d'un abus de confiance, ce qui arrive souvent lorsqu'elles livrent leurs intérêts à des gens sans capacité et sans moralité, qui exigent d'eux des sommes considérables pour les mal défendre.

CHAPITRE IV.

Du Mariage des Prêtres.

Une question grave s'agite depuis quelque tems entre les jurisconsultes ; c'est celle du mariage des prêtres.

Cette question se divise en deux parties. La prêtrise est-elle un empêchement dirimant qui annule le mariage, ou n'est-elle qu'un empêchement prohibitif ?

Il y a, à cet égard, un point bien constant, c'est que les lois ecclésiastiques annullent le mariage des prêtres, et qu'avant la révolution elles étaient regardées comme des lois civiles que les tribunaux appliquaient en prononçant constamment cette nullité, ainsi que la cour de cassation l'a reconnu par des arrêts antérieurs à la Charte. M. Merlin nous l'atteste dans son *Répertoire de Jurisprudence*, aux mots *célibat* et *mariage*. Un autre point non moins constant, c'est que pendant les tems orageux de la révolution les prêtres se sont mariés, mais sans qu'aucune disposition expresse les y ait autorisés, car la constitution de 1791, sur laquelle on s'est fondé dans ces tems, dit simplement que la loi ne reconnaît plus ni vœux religieux ni aucun autre engagement qui serait contraire aux droits naturels ou à la constitution.

De cette disposition qui, en établissant que la loi ne

reconnaîtrait plus d'engagement contraire aux droits naturels, prouve au moins qu'elle les reconnaissait autrefois, on a conclu que les prêtres pouvaient se marier, parce que le mariage est de droit naturel.

Un décret de la convention du 19 juillet 1793 décide qu'aucune loi ne peut priver de traitement les ministres du culte catholique qui se marient et ordonne des poursuites contre les auteurs de troubles et actes arbitraires commis relativement au mariage d'un prêtre.

Un second décret du même jour prononce la déportation contre les évêques qui apporteraient soit directement, soit indirectement quelque obstacle au mariage des prêtres.

Un décret du 12 août 1793 annule toute destitution d'un ministre du culte fondée sur le mariage, et l'autorise à reprendre ses fonctions.

Un autre décret du 17 septembre 1793 dispose que tout prêtre qui se sera marié et qui sera inquiété à ce sujet par les habitans de la commune de sa résidence pourra se retirer dans tel lieu qu'il jugera convenable et que son traitement lui sera payé aux frais de la commune qui l'aura persécuté.

Enfin, deux autres décrets des 25 brumaire et 12 frimaire an 2 accordent aux prêtres mariés ou dont les bans ou les contrats de mariage ont une date antérieure au premier décret, la faveur d'être exempts de la déportation ou de la réclusion prononcée contre les prêtres qui ont refusé le serment.

Depuis cette époque jusqu'à la restauration, silence absolu dans nos lois. Mais si d'un côté le Code civil ne s'explique pas sur le mariage des prêtres, de l'autre il ne dit pas qu'il n'y ait d'autres empêchemens que ceux qu'il établit, ou que les conditions qu'il exige soient les seules nécessaires. Il ne dit pas que tous ceux qui réunissent les conditions ou qui n'ont pas les empêchemens qu'il énonce pourront se marier. Ses dispositions sont simplement conçues en termes énonciatifs et non en termes absolus et limitatifs. Du reste on sait que le chef du gouvernement impérial avait défendu à tous les officiers de l'état civil de procéder au mariage des prêtres qui depuis le concordat avaient repris ou continué leurs fonctions, parce qu'il le considérait, comme un délit contre la religion et la morale. Mais il ne résultait de là qu'un empêchement purement prohibitif, en telle sorte que si, malgré la défense, l'officier de l'état civil procédait au mariage, il n'y avait pas nullité.

Mais à la restauration les choses ont changé. Le roi très-chrétien, le fils aîné de l'église, en remontant sur le trône de ses ancêtres, a octroyé à son peuple cette Charte immortelle, qui est le fruit de ses méditations et de sa sagesse.

L'art. 5 porte que les cultes sont également protégés, et l'art. 6 déclare que la religion catholique est la religion de l'état. Que signifient ces dispositions fondamentales, sinon que la puissance civile assurera l'exécution des lois et de toutes les mesures qui tiennent au culte, qui le constituent, et que la religion de l'état étant la religion catholique, tout citoyen résidant en France est de plein droit soumis à toutes les règles de cette religion, s'il n'est pas né dans une autre? Si un officier de l'état civil refusait de marier un ministre du culte protestant, l'autorité supérieure et les tribunaux devraient le contraindre à recevoir cet acte, puisque ce culte l'autorise; mais aussi le mariage d'un prêtre catholique devrait être annulé, parce que les lois de notre église le veulent ainsi. Le principe que la puissance séculière doit faire respecter la discipline de l'église, sans blesser la liberté de conscience, est écrit dans toutes nos lois. Ainsi, le Code pénal punit même sévèrement tout trouble, tout obstacle apporté à l'exercice du culte et tout outrage par paroles ou gestes envers les ministres et les objets de ce culte. Or, pour reconnaître l'existence de ces différens délits, il faut nécessairement que les tribunaux examinent les lois et les règles ecclésiastiques, car ce n'est qu'autant qu'il y a été commis quelque infraction qu'ils peuvent sévir. Ainsi, le conseil d'état est appelé à prononcer sur les appels comme d'abus, sur les peines infligées par les supérieurs ecclésiastiques, sur les infractions des règles consacrées par les canons reçus en France. Pour cela, il faut qu'il examine les lois de l'église, qu'il les connaisse et les applique. Celui qui s'engage dans les ordres s'oblige à ne pas se marier. La morale, la religion et l'ordre public sont essentiellement intéressés à ce qu'il remplisse son engagement. On n'a pas besoin d'expliquer les dangers qu'entraînerait son infraction : chacun les comprendra aisément. Pourquoi donc la loi civile ne prêterait-elle pas son appui aux supérieurs ecclésiastiques qui viendraient s'opposer au mariage des prêtres ou en demander la nullité s'il était fait? Eh quoi ! elle protégerait le culte dans ses objets les moins importans, elle punirait celui qui, par une parole ou un geste, aurait troublé une cérémonie, insulté une image religieuse, et elle resterait indifférente à un plus grand scandale, à un délit qui porterait à la religion le coup le plus funeste, et qui introduirait le désordre dans la société, elle tolèrerait les écarts qui entraîneraient le renversement de la religion! Enoncer une telle conséquence, c'est la réfuter. Une des bases de la religion catholique est le célibat de ses ministres. La Charte déclare protéger toutes les religions; celle de l'état est la religion catholique; et les tribunaux doivent prononcer la nullité du mariage d'un prêtre. Il n'y a pas moins de raison aujourd'hui qu'avant 1791, pour qu'ils statuent ainsi. La Charte a aboli la législation intermédiaire, et nous a replacés dans la situation où nous étions avant la constitution de 1791; autrement il faudrait soutenir non-seulement que les prêtres peuvent se marier, mais encore que les évêques qui s'opposent à leur mariage doivent être punis de la déportation, en vertu du décret de la convention du 19 juillet 1793, et que même on ne pourrait interdire l'exercice du culte à ceux qui se marieraient. Car quand on a adopté un système, il faut en accepter toutes les conséquences. Or, qui osera soutenir que l'évêque sera punissable de la déportation dans le cas indiqué? qui osera dire qu'il ne pourra, qu'il ne sera pas obligé d'interdire le prêtre qui sera parvenu à se marier? personne assurément.

Au surplus, comme il est possible que la question soit encore douteuse aux yeux de bien des gens, que ce doute pourrait être exploité par les ennemis de la religion, et donner lieu à des discussions que l'esprit de parti pourrait rendre violentes ou scandaleuses, le ministère ferait bien, suivant nous, de présenter sans délai un projet de loi conçu dans un article unique pour faire déclarer les prêtres inhabiles à contracter mariage.

CHAPITRE V.

De la Délégation des Contributions en matière électorale.

Le ministre de l'intérieur vient de présenter à la chambre des députés un projet de loi sur les élections. Les dispositions qu'il renferme, quoique n'étant pas parfaites, ont été généralement assez bien accueillies parce qu'elles sont dictées par de bons sentimens et reposent sur les principes d'une sage liberté; mais on a regretté de n'y rien trouver relativement à la délégation des contributions, avec d'autant plus de raison qu'elle a fait naître de graves difficultés qui ont été diversement résolues par les cours et les administrations, dont les décisions ont donné lieu à des conflits fort étranges.

A la vérité, d'après le projet, les questions de validité de délégation doivent toujours être soumises au jugement des cours royales, et comme elles se sont généralement prononcées en faveur du droit électoral, les électeurs gagneront leur procès. Mais il ne leur faudra pas moins en avoir un; car les administrateurs, les préfets ne manqueront pas de les repousser; peut-être même quelques cours royales interprèteront-elles

la loi d'une manière restrictive : il serait donc nécessaire que la nouvelle loi s'expliquât positivement à cet
égard. Le silence du projet est fâcheux pour le pouvoir ; il semble que nos ministres craignent toujours
d'en trop faire, et pourtant il vaudrait bien mieux accorder les choses de bonne grâce que de se les faire
arracher, et d'être forcé ou de subir des amendemens,
ou de donner des explications sur la manière d'exercer le droit de délégation.

En attendant qu'il y ait quelque chose de plus posi-
tif à cet égard, nous allons présenter nos observations.

Suivant l'art. 5 de la loi du 29 juin 1820, les contributions foncières payées par une veuve sont comptées
à celui de ses fils, à défaut de fils à celui de ses petits-
fils, et à défaut de fils et petits-fils, à celui de ses gendres qu'elle désigne.

Cet article a fait naître plusieurs questions.

La femme divorcée peut-elle faire comme la veuve
la délégation énoncée en cet article ?

La veuve ou la femme divorcée, interdite ou morte
civilement, ne pouvant agir elle-même, n'y a-t-il pas
cependant un moyen de faire faire la délégation ?

En cas d'absence, d'interdiction ou de privation des
droits civiques du fils, la délégation peut-elle être faite
aux petits-fils, et si ces derniers se trouvent dans le
même cas, aux gendres ou petits-gendres ?

Enfin, si les fils ou petits-fils, quoique ayant les qualités requises déclarent renoncer à la délégation ou ne
pas vouloir en profiter, les veuves pourront-elles déléguer leurs contributions à celui de leurs gendres ou
petits-gendres qu'elles désigneront ?

Pour décider la négative, l'administration a été

obligée de prétendre que la faculté de déléguer est une dérogation à la Charte et de se renfermer dans la règle que toute exception doit être restreinte à ses termes précis.

S'il en était ainsi, au lieu de chercher à expliquer clairement l'article 5 de la loi de 1820, il faudrait s'empresser de le rapporter, parce que le pouvoir législatif ne peut rien faire de contraire à la Charte, et que toutes les lois doivent être en harmonie avec ses dispositions.

Mais rassurons-nous. Nous ne sommes pas réduits à cette triste extrémité ; et d'abord il est assez étrange que le pouvoir se défende en s'accusant lui-même ; car c'est s'accuser d'une bien grande faute que de venir déclarer à la face de la France qu'on a proposé et fait adopter une loi subversive de la Charte.

Puis ensuite, nous allons établir que l'autorité n'est point aussi coupable qu'elle le dit ; qu'elle ne l'est même pas du tout, et ce sera un spectacle assez curieux que de nous voir défendre le pouvoir contre lui-même.

En effet, les art. 39 et 40 de la Charte ne disent pas que pour être électeur ou éligible il faut être propriétaire de l'immeuble sur lequel l'impôt est assis, ni payer *personnellement* ce même impôt. Ces articles se contentent d'énoncer un principe général dont il appartient au pouvoir législatif de régler l'application et le mode d'exécution, et il suffit que les facultés et les droits reconnus par la loi spéciale ne soient point proscrits par la Charte, ne soient point contraires à son texte, pour que l'on ne puisse l'accuser d'inconstitutionnalité. Or, la Charte ne défend la délégation ni expressément, ni implicitement, et une telle mesure n'a rien de contraire, d'incompatible avec les dispositions de toutes les constitutions qui se sont succédées avant la Charte, à l'exception de celle de l'an 3, la seule qui ait défendu aux citoyens de se faire remplacer dans les assemblées. Il est de principe que le délégataire prend la place du déléguant; il est donc censé, par une fiction de la loi, payer lui-même la contribution. Il n'est pas impossible d'ailleurs, qu'il la paie réellement par pure bienfaisance envers le propriétaire qui peut être gêné et hors d'état de l'acquitter.

Nous devons ajouter que, suivant le droit commun, tout citoyen peut se faire représenter par un tiers, à moins qu'il ne s'agisse d'une commission, d'une fonction qui n'ait été conférée qu'à la personne même; mais comme il n'est guère possible d'assimiler l'électeur à un fonctionnaire public; que le droit de voter ne lui a pas été accordé en considération de sa personne, puisqu'il résulte de la quotité des impositions, on peut prétendre, à la rigueur, qu'un électeur a la faculté d'élire un mandataire. La Charte ne le défend pas, le Code civil le permet. J'avoue que les convenances et l'intérêt public veulent que les personnes intéressées exercent par elles-mêmes ce droit important, et qu'elles ne le confient pas à des gens souvent fort équivoques qui ne verraient dans leur mandat qu'un métier et une occasion de lucre. Mais qu'en conclure? qu'une loi ayant pour but l'application et l'exécution de la Charte doit limiter l'exercice du droit de se faire remplacer, et modifier ainsi le Code civil dans un but politique bien entendu; alors elle doit concilier tous les intérêts et veiller à ce que la propriété soit représentée : c'est sans doute le but que s'est proposé la loi de 1820, ou celui que devrait atteindre une nouvelle loi, si la première était insuffisante. Ces principes établis, la solution des différentes questions que nous avons posées ci-dessus en découle naturellement.

Et d'abord, si le législateur n'a pas parlé du divorce, c'est probablement un oubli qui est venu de ce que ce mode de dissolution du mariage n'existe plus dans nos lois; mais comme il n'y a pas long-tems qu'il est aboli, la question peut encore présenter de l'intérêt, il faut donc l'examiner. Que le mari soit mort ou divorcé, il est évident que la position de la femme est absolument la même dans les deux cas. Il est réellement mort pour elle, il lui est étranger, il ne peut plus profiter de ses contributions. Le but de la loi a été de faire remplacer le mari par ceux qui sont appelés à jouir un jour de la propriété. Il n'y a donc aucune raison de distinguer; toutefois il serait bon que le législateur s'expliquât à cet égard.

Quant au cas de mort civile, il ne peut y avoir difficulté. Si c'est le mari qui en est frappé, la femme peut faire la délégation puisque l'art. 25 du Code porte que l'époux survivant et ses héritiers peuvent exercer les droits et actions auxquels sa mort naturelle donnerait ouverture, et qu'au nombre des droits résultans, pour la femme, de la mort naturelle de son mari est précisément celui de déléguer ses contributions. Si c'est la femme qui est morte civilement, ses héritiers, lui succédant, profitent des contributions qu'ils paient.

Reste le cas d'interdiction de la femme veuve ou divorcée, ou dont le mari est mort civilement. Il est clair que ne jouissant pas de sa raison, elle ne peut déléguer elle-même; mais est-ce un motif pour que sa propriété ne soit point représentée? au contraire, c'en est un de plus pour qu'elle le soit. Un interdit a un tuteur et un conseil de famille. Lorsqu'il s'agit du mariage d'un de ses enfans ou petits-enfans, la dot ou l'avancement d'hoirie et les autres conventions matrimoniales sont réglés par le conseil de famille dont l'avis est soumis à l'homologation de la justice. Le conseil de famille peut donc ainsi conférer des droits électoraux à perpétuité, aliéner même des immeubles de l'interdit, pourquoi ne pourrait-il pas déléguer ses contributions? Il représente l'interdit, il en exerce les droits, il peut donc faire ce que pourrait faire l'interdit lui-même.

Sur les dernières questions, toute la difficulté se réduit à déterminer le sens des mots *à défaut de fils*. La loi a-t-elle entendu parler d'une existence purement matérielle? Cela est impossible. Chaque loi doit s'interprêter par son objet. C'est cet objet qui en détermine le but et l'étendue; or, de quoi s'agit-il dans celle que nous discutons? de déterminer les droits électoraux. Il faut donc entendre, à défaut de fils *exerçant les droits électoraux*; car cette interprétation est plus conforme à l'esprit de la loi, qui veut que la propriété soit représentée, que le système contraire, qui, en rendant illusoire, dans bien des cas, la faculté de délégation, conduirait à des conséquences absurdes.

Et d'abord, si le fils est frappé d'une condamnation infamante, personne ne soutiendra que la veuve ne pourra pas déléguer ses impôts à un petit-fils. Ensuite, il arrivera presque toujours que le gendre sera plus âgé que le fils de la veuve, et que celui-ci n'aura pas l'âge pour être électeur ou député, tandis que le gendre l'aura. D'ailleurs, ce fils peut être interdit, absent

ou privé, par une condamnation judiciaire, de l'exercice des droits politiques. Pour démontrer plus évidemment encore l'absurdité du système que nous com-
battons, supposons que le gendre soit déjà inscrit sur
la liste électorale en vertu d'une délégation valablement faite, et que, le jour de l'élection, il lui naisse un
enfant. Si c'est une fille, il votera ; si c'est un fils, il ne
votera pas. Il est assurément fort étrange que le fils au
berceau vienne ainsi donner l'exclusion à son père,
qui a été valablement inscrit sur la liste électorale.
Il est également fort bizarre que cette exclusion dé-
pende, non-seulement de la naissance, mais encore du
sexe de l'enfant. Car, que signifie ici la différence de
sexe ? Que la loi ait établi une distinction lorsqu'il s'a-
git de l'exercice du droit électoral de celui qui en est
l'objet, et que le fils, âgé de trente ou de quarante ans,
ait été seul admis à paraître dans l'assemblée, c'est une
conséquence de ce que les femmes ne participent point
aux affaires publiques ; mais évidemment cette distinction est sans objet lorsque le fils n'a pas l'âge requis.
Ce que nous venons de dire s'applique au cas de
mort civile, d'interdiction, d'absence, des petits-fils et
même des gendres. On ne voit pas pourquoi la veuve
ne pourrait pas déléguer ses contributions au mari de
sa petite-fille. Un cas peut se présenter. Une veuve n'a
eu qu'un fils ou qu'une fille, ou bien ses autres enfans
sont morts, absens, interdits.

Son fils ou son gendre sont morts ne laissant qu'une
fille mariée. Ce mariage n'a pas produit d'enfans. Le
petit-gendre est donc le seul qui puisse représenter la
propriété ? il y a autant d'intérêt qu'en aurait son beau-
père, s'il vivait ; car il doit recueillir, au nom de sa femme,

la propriété à la mort de l'aïeule, comme l'aurait recueil
lie son beau-père.

Concluons de tout cela que la veuve peut toujours,
en cas d'incapacité, nous dirons même en cas d'absten-
tion de ses enfans ou gendres, de profiter de ses contributions, en faire la délégation aux membres de sa
famille qui viennent après eux en ligne directe dans
l'ordre de la parenté. Ainsi, si les fils sont incapables
ou ne veulent pas, par un motif quelconque, profiter
de la délégation, elle doit être faite aux petits-enfans;
si ceux-ci ne peuvent ou ne veulent s'en servir, elle
doit passer aux gendres, et si ceux-ci se trouvent dans
le même cas, aux petits-gendres. Cette conséquence
est conforme à l'esprit de la loi. Notre système électoral est principalement fondé sur la propriété, parce
qu'on a pensé que ceux qui la possédaient étaient plus
intéressés au maintien de l'ordre, au développement
des saines doctrines et à l'établissement d'une bonne
législation. L'intention de la loi est que la propriété
soit représentée, sinon par celui qui la possède actuellement, parce que cela peut n'être pas possible,
au moins par celui qui a l'espoir de la posséder un
jour, et qui est intéressé à la conserver pour la recueillir. Ajoutons qu'il importe d'avoir le plus grand
nombre possible d'électeurs, parce qu'alors les choix
sont plus éclairés, mieux discutés et plus libres. Cette
conséquence ne nous paraît pas d'ailleurs contraire au
texte de la loi; car, nous ne saurions trop le répéter, il
est évident que les mots à défaut de fils, ne peuvent
s'entendre que d'un fils ayant une existence politique,
jouissant des droits civiques; il ne s'agissait pas de régler l'exercice des droits qui tiennent à l'existence ma-

térielle de l'homme; de même que dans une loi civile, on ne pourrait entendre les mots, à défaut de fils, que de la non existence matérielle, de même dans une loi de cette nature, on ne doit l'entendre que de la non existence légale, c'est-à-dire conforme à l'objet de la loi. Et si l'on admet cette conséquence, comme on ne peut en douter, il faut aussi, et par la même raison, admettre que le fils, le gendre, pourront s'abstenir en faveur du petit-fils, du petit-gendre. Il se peut que les contributions de la veuve jointes à celles du fils ne suffisent pas pour rendre celui-ci électeur ou éligible, et qu'elles suffisent au contraire au petit-fils ou au petit-gendre, ou que les premiers soient malades ou autrement empêchés. Quant à l'expression *gendre*, elle ne peut, ce semble, être restreinte à signifier le mari de la fille, et elle désigne aussi le mari de la petite-fille.

Nous pensons que le législateur devrait introduire un système plus large, une plus grande faculté de délégation, et l'admettre en faveur des héritiers présomptifs, en ligne directe ou collatérale, même de la part d'un père, d'un oncle, qui réuniraient les qualités requises pour être électeurs, à la condition qu'ils s'abstiendraient de voter. N'est-il pas arrivé souvent que des électeurs, retenus par leur âge ou leurs infirmités, n'ont pu se transporter au collége électoral, et qu'ainsi le nombre des votans s'est trouvé diminué? Il appartient à un gouvernement ferme et sage comme le nôtre de faciliter l'élection, d'en agrandir le cercle et d'offrir une plus grande latitude aux choix. Cela est d'autant plus nécessaire que, dans beaucoup de départemens, on a été embarrassé pour trouver des hommes réunissant les qualités désirables, et qu'on a souvent regretté que tels et tels qui les possédaient à un plus haut degré ne pussent pas être élus. Il faut d'ailleurs remarquer que la loi pourrait être facilement éludée. Elle dispense de la possession annale lorsque l'immeuble est échu par succession, et la chambre a plusieurs fois décidé que le don en avancément d'hoirie était compris dans cette disposition. Ainsi, un père, un oncle, un cousin, pourraient faire un pareil don simulé à leur héritier présomptif la veille de l'élection. Or, ne vaut-il pas mieux accorder franchement aux citoyens ce qu'il leur serait si facile d'obtenir par la fraude? Un refus ne serait-il pas une prime d'encouragement décernée à la déloyauté et à la ruse?

CHAPITRE VI.

Du Régime municipal.

Notre régime municipal a besoin d'être réformé et entièrement reconstitué. Le ministère en a senti la nécessité, puisqu'il a institué une commission chargée de faire, à cet égard, les travaux préparatoires. Je suis assez partisan du système des commissions; je crois que c'est le moyen de bien faire. Mais pour atteindre ce but, il est indispensable que leur composition soit faite avec discernement et bonne foi. Il ne faut pas qu'on s'en serve comme d'un moyen d'apaiser de justes réclamations, d'éluder des promesses et de se débarrasser de tout soin, de se décharger de toute responsabilité; il ne faut pas qu'on y mette des hommés peu propres à remplir la mission qu'on leur confie. Le choix du pouvoir doit se fixer sur ceux qui possèdent le mieux les connaissances spéciales sur la matière qu'il s'agit d'examiner. La commission nommée par M. de Martignac a été le sujet de critiques fondées; car, outre qu'elle est composée en majorité de partisans de l'ancien ministère, qui sont soupçonnés de n'être pas favorables au régime municipal tel que l'intérêt public l'exige, il faut convenir que ses membres, dont je n'entends pas contester la capacité sur beaucoup d'autres matières, n'ont pas les connaissances pratiques et l'expérience nécessaires pour bien connaître les vices du régime actuel et les besoins des citoyens. Ce sont sans doute des noms honorables et des hommes puissans. Ils ont du crédit, et le ministre a été peut-être bien aise de leur être agréable; mais tous ces calculs de l'amour-propre ou de l'ambition, s'ils font les affaires des grands, ne font pas du tout celles du pauvre peuple dont on devrait un peu plus s'occuper.

Qu'on ait placé dans la commission un pair de France, ancien préfet, un membre du conseil-d'état, je suis loin de le trouver mauvais; mais croit-on qu'on l'eût déshonorée si l'on y avait appelé un juge de paix, un maire, un avocat distingué des départemens? Non, sans doute, et de plus on eût fait une chose éminemment utile et profitable; car ces hommes publics ont acquis, par un long exercice de leurs fonctions, la connaissance des défectuosités du système actuel et des moyens d'y remédier. Ils se sont occupés de détails ; ils ont une expérience pratique qui est le moyen le plus sûr d'arriver à établir une bonne théorie.

Je ne suis point partisan de la souveraineté du peuple ; mais, sans être souverain, ce peuple, qui a des devoirs à remplir envers l'autorité, a aussi des droits incontestables et imprescriptibles qu'il serait dangereux et injuste de méconnaître. Au nombre de ces droits les plus essentiels et les plus sacrés, est, sans contredit, celui de nommer lui-même ses mandataires. C'est ce que la Charte a proclamé en l'appelant à choisir ses représentans à la chambre des députés. Mais si, pour cela, il faut payer 3oo francs d'impôts, cette condition, on en conviendra, ne peut s'étendre au cas où il ne s'agit que de la nomination des maires, des adjoints et des membres du conseil municipal. Il suffit, pour avoir à cet égard l'aptitude nécessaire, d'être citoyen actif. Les maires, adjoints et membres des conseils municipaux qui veillent aux intérêts de la commune, administrent ses biens, défendent ses droits, ne doivent tenir leurs pouvoirs que de ceux qu'ils représentent ; il est étrange qu'ils soient nommés et révocables par les préfets, qui peuvent singulièrement abuser de cette omnipotence. Je puis citer un exemple qui prouvera jusqu'à quel point ces observations sont fondées.

Plusieurs délibérations d'une commune du département de la Côte-d'Or avaient reconnu qu'un terrain ne formait point une propriété communale, qu'il appartenait à un particulier. Mais, comme une telle déclaration ne pouvait avoir d'effet sans la sanction de la justice, les communes étant assimilées aux mineurs, le particulier fit traduire la commune devant le tribunal civil de Dijon pour se faire envoyer en possession de sa propriété. Le conseil municipal, après avoir consulté des jurisconsultes éclairés qui lui avaient conseillé d'acquiescer à la demande, prit une nouvelle délibération, par laquelle il reconnut plus expressément encore la propriété du réclamant. Irrité de cette résolution, M. le préfet se décida à un coup d'autorité qui était un véritable excès de pouvoir. Il cassa la dernière délibération, et institua une commission spéciale pour délibérer sur cette affaire seulement, c'est-à-dire qu'il interdit à cinq des huit membres du conseil municipal de prendre part à la nouvelle délibération, et que, pour se procurer la majorité, il désigna cinq autres personnes à sa dévotion, dont deux ne savaient pas signer. Il ne se borna pas là : il nomma, pour présider ce conseil, une personne étrangère à la commune, le juge de paix de Dijon, auquel il donna la pompeuse qualification de commissaire délégué.

Rien de plus illégal et de plus arbitraire que cette mesure du préfet de la Côte-d'Or, qui rappelle les hauts faits des satrapes et des pachas.

La loi du 28 pluviose an 8, donne bien aux préfets le pouvoir de nommer et de destituer les maires, adjoints et membres des conseils municipaux dans les communes qui n'ont pas plus de 5,000 ames de population ; mais elle ne leur donne point celui d'instituer des commissions spéciales pour une affaire ou une circonstance déterminées, et la raison dit assez que ces pouvoirs, étant de nature différente, ne peuvent être la conséquence l'un de l'autre.

D'un autre côté, l'arrêté du gouvernement du 2 pluviose an 9, dit positivement que le maire de chaque commune est de droit membre du conseil municipal; qu'il en a la présidence; et, qu'en cas d'absence, maladie ou autre empêchement, il est remplacé par l'adjoint.

Or, il n'y avait aucun empêchement à ce que le maire présidât même la commission spéciale, puisqu'il ne peut jamais être suspendu pour une affaire seulement. Au surplus, il y avait un adjoint qui était resté étranger à la première délibération cassée par M. le préfet. C'était à lui, d'après l'arrêté de l'an 9, qu'appartenait la présidence; mais M. le préfet a préféré déléguer un commissaire spécial, totalement étranger à la commune.

Nous avons choisi ce fait entre beaucoup d'autres pour donner une idée du système d'arbitraire de certains préfets, et pour démontrer en même tems l'indispensable nécessité de leur retirer promptement un pouvoir dont ils abusent si étrangement.

Il est aussi un autre point sur lequel il me paraît nécessaire d'appeler l'attention de nos hommes d'état. Je veux parler de la centralisation, qui devient chaque jour plus funeste aux citoyens, et qui sera sans doute modifiée par la loi sur le régime municipal. Une réforme à cet égard est réclamée de toute part. Rien de plus désastreux, en effet, que l'état de choses actuel. Quand on pense que, pour une multitude de petits riens, d'affaires sans importance, il faut avoir recours aux autorités de la capitale, on peut calculer la perte de tems, de frais, le nombre des démarches, les inquiétudes, les erreurs même auxquelles on est exposé. L'administration supérieure devrait se débarrasser, sur celle des départemens, d'une foule de détails qui, en entravant sa marche, ne lui permettent pas de consacrer aux affaires importantes du royaume le tems qu'elles exigent, et rendent presque inévitables de fréquentes injustices. Il y a donc dans l'excès de la centralisation un double inconvénient; celui de ruiner souvent les particuliers et d'empêcher le pouvoir de faire le bien auquel il est sans doute disposé. Pour prouver les abus de ce système, je puis citer un exemple qui est à ma connaissance personnelle : Une commune voulait vendre une petite portion de terrain. Il fallut remplir de nombreuses formalités, obtenir une ordonnance royale et passer un contrat notarié. Tout cela demanda deux ans, et le prix de la vente fut de 3 francs 5o cent.

Ajoutons que, dans cette situation, il n'y pas d'attachement au pays; on l'abandonne facilement pour venir vivre à Paris. Là, dit-on, on est près du soleil; c'est le centre commun d'où partent les faveurs; c'est là qu'on peut vivre honorablement et avec indépendance. Dans la réalité, toutes les grandes existences se concentrent à Paris, et, lorsque la capitale regorge de richesses, il y a certaines villes de nos départemens où l'on se mettrait pour ainsi dire à genoux devant un sac d'écus.

Il importerait donc de conférer aux habitans des départemens des droits plus étendus, de leur donner des institutions qui les attachent à leur pays et y ramènent l'abondance et le bonheur. Cette amélioration devrait s'étendre à toutes les parties de l'administration. Je voudrais, par exemple, que les citoyens fussent appelés à élire les juges de paix; que leurs greffiers et huissiers fussent nommés par la cour royale sur leur présentation et celle du tribunal de première instance;

que tous les huissiers et commissaires-priseurs fussent également nommés par les cours royales sur la présentation des tribunaux de première instance.

Telles sont mes vues : je n'ai pas la prétention de les croire les meilleures; mais peut-être méritent-elles quelque attention. Il y avait encore beaucoup de choses à dire, mais je dois m'arrêter ici.

FIN.

www.ingramcontent.com/pod-product-compliance
Lightning Source LLC
Chambersburg PA
CBHW051008060726
47593CB00017B/1260